Éthique et culture religieuse
2e année du 1er cycle du primaire

Près de moi

Valérie Lauzon
Agathe Carrières

Manuel B

Avis aux lecteurs et aux lectrices

Il existe d'autres façons d'écrire certains termes propres à chaque tradition religieuse. L'orthographe adoptée dans la présente collection est conforme à la graphie employée dans la version finale du programme *Éthique et culture religieuse* du primaire.

LES ÉDITIONS
CEC
Une compagnie de Quebecor Media

8101, boul. Métropolitain Est, Anjou (Québec) Canada H1J 1J9
Téléphone : 514-351-6010 Télécopieur : 514-351-3534

Direction de l'édition
Catherine Goyette

Direction de la production
Danielle Latendresse

Direction de la coordination
Rodolphe Courcy

Charge de projet et révision linguistique
Laurence Gauthier

Correction d'épreuves
Jacinthe Caron

Conception graphique

matteau parent
graphisme et communication
Geneviève Guérard et Chantale Richard-Nolin

Réalisation graphique et mise en pages

matteau parent
graphisme et communication
Chantale Richard-Nolin

Les Éditions CEC remercient le gouvernement du Québec pour l'aide financière apportée à l'édition de cet ouvrage par l'entremise du Programme de crédit d'impôt pour l'édition de livres, administré par la Sodec.

Près de moi, Manuel B

© 2008, Les Éditions CEC inc.
8101, boul. Métropolitain Est
Anjou (Québec) H1J 1J9

Tous droits réservés. Il est interdit de reproduire, d'adapter ou de traduire l'ensemble ou toute partie de cet ouvrage sans l'autorisation écrite du propriétaire du copyright.

Dépôt légal: 2008
Bibliothèque et Archives nationales du Québec
Bibliothèque et Archives Canada

ISBN 978-2-7617-2644-3

Imprimé au Canada
2 3 4 5 6 12 11 10 09 08

Illustrations
Marie Lafrance (module 1), Marie Lafrance et Volta Créations (module 2), Ninon Pelletier et Sophie Lewandowski (module 3), Marc Mongeau (couverture et modules 4, 6 et 7), Marie Lafrance et Ninon Pelletier (module 5), Ninon Pelletier (module 8)

Recherche iconographique
Perrine Poiron et Jean-François Beaudette

Les auteures et l'Éditeur tiennent à remercier les personnes suivantes, qui ont participé au projet.

Consultants scientifiques (contenu éthique et culture religieuse)
Benoît Mercier
Benoît Patar
Pierre Després
Robert Rousseau

Consultants pédagogiques
Lise Coupal, commission scolaire de Montréal
Chantal Tranchemontagne, commission scolaire de Montréal
Andréa Séguin, commission scolaire de Montréal
Karyn Champagne, commission scolaire de Beauce-Etchemin
Louise Sylvestre, commission scolaire de la Seigneurie-des-Mille-Îles

Table des matières

: contenu en culture religieuse.

: contenu en éthique.

Lettre à l'élève

En écrivant ce livre, nous avons beaucoup pensé à toi… Nous avons rêvé d'un monde idéal pour toi. Dans ce monde, toutes les personnes se respectent et vivent dans la bonne entente.

Imagine que la couverture de ton lit est une jolie courtepointe faite de plusieurs petits morceaux. Ce qui la rend belle, c'est la grande variété des formes et des couleurs de chaque morceau qui la compose. Ce qui la rend solide, c'est la qualité du fil qui relie tous les morceaux.

Ce monde, auquel nous avons rêvé, ressemble à cette courtepointe. Ta famille, ton école, ton village, ta ville, ton pays forment la couverture tout entière. Les petits morceaux représentent les personnes. Les fils qui retiennent les morceaux entre eux sont les mots que ces personnes utilisent pour se parler.

Ce qui fait la richesse et la beauté de ce monde, c'est toi, c'est moi et tous les autres ; c'est aussi notre capacité à bien nous entendre malgré nos différences.

C'est un beau grand rêve, n'est-ce pas ? Nous souhaitons qu'il se réalise dans ta classe.

Mode d'emploi

Chacun des deux manuels **Près de moi** comprend huit modules qui développent les compétences relatives à l'éthique, à la culture religieuse et à la pratique du dialogue. À la fin de chaque manuel se trouve une section appelée **La boîte de dialogue**.

Tourbillon, la mascotte de la collection, en présente le contenu. Elle est utilisée tout au long du manuel lorsqu'une occasion de dialogue se présente.

Des morceaux de courtepointe nous rappellent que la diversité permet de faire un tout harmonieux.

Tourbillon.

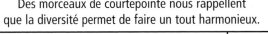

Le titre du module annonce le thème abordé.

Module 7

Laisser des traces

Le passage de quelqu'un sur terre laisse des traces. Viens découvrir les cycles de la vie et différentes traces que l'on peut laisser derrière soi.

62

63

Un court texte donne un aperçu du contenu abordé au cours des unités.

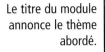

Un pictogramme indique que l'histoire est reprise sur un CD audio.

Certains mots, en bleu dans le texte, sont définis en marge afin de faciliter la compréhension du texte. Ces mots sont repris dans le glossaire à la fin du manuel.

À la fin de chaque unité, une activité est proposée.

Chaque unité se termine avec un pavé. Un pavé vert amène une question relative à un contenu éthique.

Titre de l'unité

La présence de la mascotte Tourbillon annonce qu'on exploite la question à l'aide du dialogue.

La mascotte Tourbillon indique à quelle section de **La boîte de dialogue** renvoie le contenu exploité.

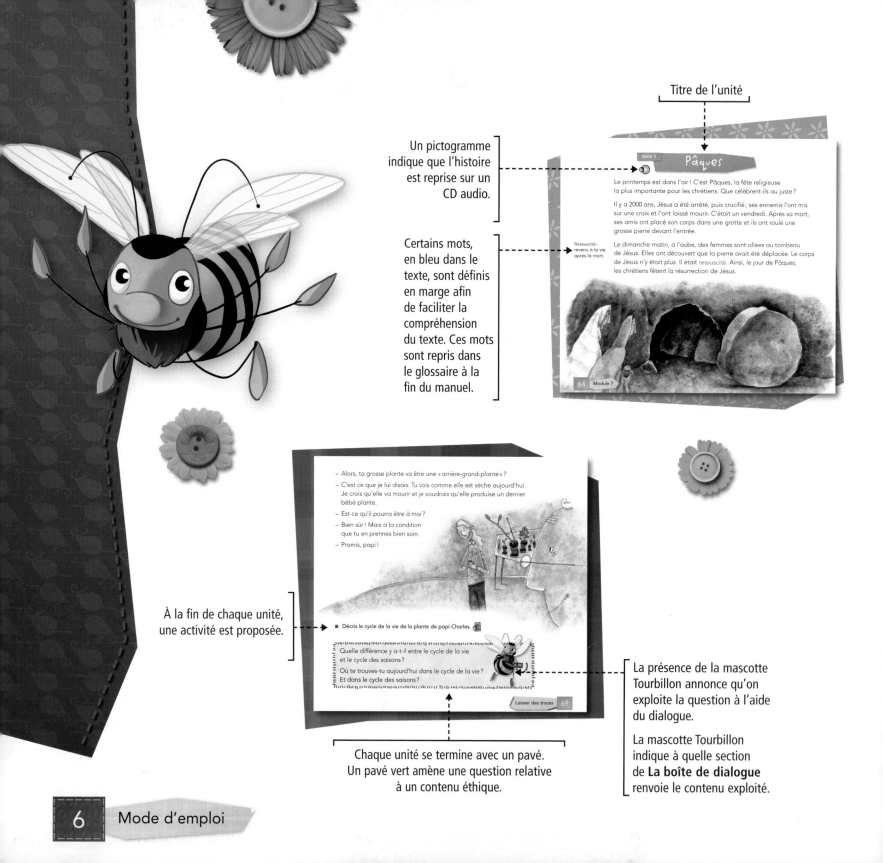

Unité 1

Pâques

Le printemps est dans l'air ! C'est Pâques, la fête religieuse la plus importante pour les chrétiens. Que célèbrent-ils au juste ?

Il y a 2000 ans, Jésus a été arrêté, puis crucifié ; ses ennemis l'ont mis sur une croix et l'ont laissé mourir. C'était un vendredi. Après sa mort, ses amis ont placé son corps dans une grotte et ils ont roulé une grosse pierre devant l'entrée.

Ressuscité : revenu à la vie après la mort.

Le dimanche matin, à l'aube, des femmes sont allées au tombeau de Jésus. Elles ont découvert que la pierre avait été déplacée. Le corps de Jésus n'y était plus. Il était ressuscité. Ainsi, le jour de Pâques, les chrétiens fêtent la résurrection de Jésus.

64 Module 7

– Alors, ta grosse plante va être une « arrière-grand-plante » ?

– C'est ce que je lui disais. Tu vois comme elle est sèche aujourd'hui. Je crois qu'elle va mourir et je voudrais qu'elle produise un dernier bébé plante.

– Est-ce qu'il pourra être à moi ?

– Bien sûr ! Mais à la condition que tu en prennes bien soin.

– Promis, papi !

■ Décris le cycle de la vie de la plante de papi Charles.

Quelle différence y a-t-il entre le cycle de la vie et le cycle des saisons ?

Où te trouves-tu aujourd'hui dans le cycle de la vie ? Et dans le cycle des saisons ?

Laisser des traces 69

Le dimanche de Pâques, tous les membres de la famille d'Antoine portent de beaux vêtements pour aller au service religieux. Au retour, Antoine va dans le jardin avec ses cousins et cousines, à la recherche des œufs de Pâques. Ensuite, un repas de fête est servi.

Plusieurs histoires expliquent la tradition des œufs de Pâques. Chez les catholiques, les cloches de l'église ne sonnent pas du Vendredi saint au dimanche de Pâques. Dans une histoire, on dit que les cloches vont à Rome où elles se remplissent d'œufs de Pâques et, qu'à leur retour, elles les laissent tomber dans les jardins. Dans d'autres histoires, ce sont de petits animaux comme les lapins ou les renards qui cachent les œufs. Les enfants n'ont plus qu'à les trouver.

Rome : ville d'Italie, à l'intérieur de laquelle se situe la Cité du Vatican où habite le pape, le chef de l'Église catholique.

■ Prépare une chasse aux questions sur Pâques.

〉 Que veut dire Pâques pour toi ?
〉 Comment se déroule la fête de Pâques autour de toi ?

Laisser des traces   65

Un pavé jaune amène une question relative à un contenu en culture religieuse.

Des règles, de l'école à la montagne

Des règles, il y en a partout... À la maison, à l'école, sur la route, dans les parcs, en vélo, à la piscine. Des règles, des règles et encore des règles ! Viens explorer ce monde avec nous.

Le choix de Justine

Justine adore sa mamie. Avec elle, Justine a appris le nom des fleurs et des plantes, elle a appris à reconnaître celles qui piquent ou qui sentent bon. Sa mamie lui raconte souvent ses aventures à la montagne d'où elle observait les plantes et les fleurs. Elle lui parle aussi d'un rêve qu'elle n'a pas réalisé et qu'elle ne réalisera jamais puisqu'elle est malade. Elle rêvait de voir, une fois dans sa vie, une minuartie de la serpentine, cette petite fleur blanche qui pousse dans les montagnes et qui est si rare.

Serpentine: roche rare, d'un vert sombre, sur laquelle pousse la minuartie.

Un jour, Justine part en randonnée au mont Albert avec sa famille. Dans un détour, elle aperçoit un massif de petites fleurs blanches. Son cœur commence à battre plus fort. Elle s'approche et n'en croit pas ses yeux : des minuarties. Elle les reconnaît. Justine se retrouve devant le grand rêve de sa mamie chérie. Elle voudrait en cueillir, mais elle a lu l'affiche posée à l'entrée des sentiers : « Réserve naturelle. Défense de cueillir les plantes. » Justine regarde la petite fleur et se sent déchirée entre l'envie de la prendre pour sa mamie et le désir de respecter les règles du parc.

Elle décide de cueillir une petite fleur. Une seule, ça ne paraîtra pas, croit-elle. À son retour, elle s'empresse d'aller montrer son trésor à sa mamie. « À quoi as-tu pensé, Justine ? Tu sais bien que c'est interdit, s'écrie sa mamie. Je comprends que tu voulais me faire plaisir, mais il ne fallait pas en cueillir. Viens ! Nous allons retirer les graines de la minuartie pour en faire pousser d'autres. »

Quelques semaines plus tard, quatre petits plants ont poussé. Justine en prend deux et va voir le garde forestier au mont Albert. Elle lui raconte qu'elle avait cueilli une petite fleur pour sa mamie malade. Le garde forestier ne semble pas content. Il lui explique que si chacun de nous emportait une seule petite fleur, il n'en resterait plus. Voyant que Justine a voulu réparer son geste, il l'amène gentiment tout là-haut planter les deux petites minuarties de la serpentine.

■ **Que ferais-tu dans les situations suivantes ?**

Qu'aurais-tu fait à la place de Justine ?

Pourquoi existe-t-il des règles ?

p. 83
Discussion

Chacun son rôle

Larves:
forme que prennent certains animaux entre l'état embryonnaire et l'état adulte. Par exemple, la larve du papillon s'appelle la chenille.

Chez les fourmis, chaque individu joue un rôle particulier. La reine pond les œufs. Les fourmis soldats et les ouvrières apportent de la nourriture, puis elles s'occupent des larves et de la reine. Certaines n'ont pas le temps de se nourrir. Ce sont les autres qui leur procurent de la nourriture.

Le lion prend la tête du groupe pour le protéger. Les lionnes élèvent les petits et vont à la chasse. Elles partent ensemble pour aller chasser et laissent parfois leurs lionceaux à une « gardienne ».

Les outardes forment un « V » en volant. Ainsi, celle qui est à l'avant coupe l'air en battant des ailes pour que celles qui sont derrière volent plus facilement. Quand la première est fatiguée, elle va derrière pour se reposer. Si une outarde est épuisée ou malade, deux autres restent avec elle pour l'accompagner.

Dans sa courte vie, une abeille remplit plusieurs tâches. Le 1er jour, elle nettoie la ruche. Du 2e au 11e jour, elle nourrit les larves et la reine. Au 12e et au 13e jour, elle entrepose le pollen ramené par ses compagnes et bat des ailes pour ventiler la ruche. Les quatre jours suivants, elle aide à la construction des alvéoles. Du 18e au 21e jour, elle monte la garde. À partir du 22e jour, elle parcourt les prés à la recherche de pollen. Elle meurt quelques jours plus tard, après avoir parcouru près de 700 kilomètres.

Pollen:
fine poussière produite par les plantes, servant de nourriture aux abeilles.

Ventiler:
aérer.

Alvéoles:
petits trous que l'abeille creuse pour déposer le pollen.

■ Tu as sûrement des tâches et des responsabilités à la maison et à l'école. Quelles sont-elles?

Qu'arriverait-il si la fourmi, le lion, l'outarde ou l'abeille n'assumait pas son rôle?

p. 83
Discussion

Des règles en classe

Observe cette peinture. Que remarques-tu ?

17ᵉ siècle : de l'an 1601 à 1700.

Elle représente une classe au 17ᵉ siècle. Toutes les classes de cette époque n'étaient pas comme celle-ci. La plupart du temps, les enfants obéissaient à des règles très strictes, beaucoup plus sévères que celles d'aujourd'hui.

Jan Steen, *Une école pour garçons et filles*, Galerie nationale de Scotland, 1670.

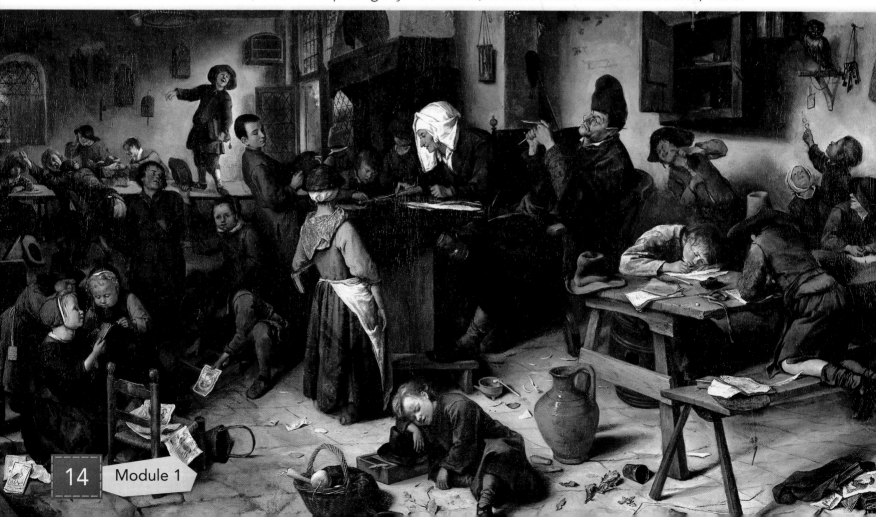

Tu vois le petit garçon qui s'est endormi par terre ? À quoi pense-t-il ?

« Ah ! Quel chaos ! C'est trop bruyant dans ma classe ! Hans et Jacob n'arrêtent pas de se disputer. Peter monte sur la table et chante à tue-tête. Comme je suis plus petit, je n'ai jamais de place à la table. De plus, je perds toujours mes crayons lorsqu'ils tombent par terre. Dans tout ce désordre et ce bruit, je n'arrive pas à écouter et à comprendre. J'aimerais bien que ce soit différent ! »

■ Mets un peu d'ordre dans cette classe !
Trouve cinq règles que les élèves
pourraient appliquer.

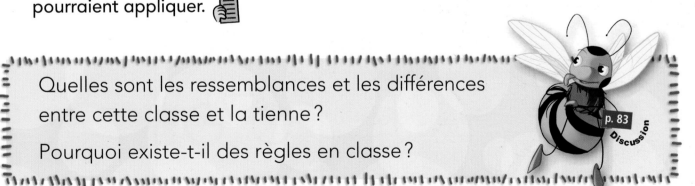

Quelles sont les ressemblances et les différences
entre cette classe et la tienne ?

Pourquoi existe-t-il des règles en classe ?

p. 83
Discussion

Des pictogrammes

De l'école à la maison, tu croises des pictogrammes. Sais-tu ce que c'est? Un pictogramme est un dessin qui signifie quelque chose. Il peut nous dicter une règle, nous donner une information ou nous avertir d'un danger. Il doit être simple et précis, visible de loin et facile à comprendre.

De manière générale, le pictogramme ⭘ veut dire « permis » et le pictogramme ⊘, « défendu ».

Peut-être en connais-tu d'autres?

■ Que veulent dire ces pictogrammes ?

Pourquoi les pictogrammes sont-ils utiles ?

p. 86

Des besoins pour vivre

Tu vois tous ces animaux ? Ils ne pouvaient pas combler leurs besoins parce qu'ils n'avaient pas de terre pour s'installer, se nourrir.

Dans l'histoire qui suit, on te raconte comment Grand-Lièvre (aussi appelé Nanabozho chez les Ojibwa, et Michabo chez les Algonquins), un personnage important chez les Amérindiens, a créé la terre pour les animaux et les humains.

Grand-Lièvre, le créateur du monde

Algonquiens: plusieurs peuples du nord-est de l'Amérique qui partagent la même langue: on y retrouve les Algonquins, les Innus, les Ojibwa, les Potawatomi.

Il y a très longtemps, l'eau recouvrait la terre à perte de vue. Sur un radeau, s'entassaient tous les animaux et Grand-Lièvre, le créateur du monde selon les Algonquiens. Un jour, il leur dit: « Nous avons besoin d'une terre pour y vivre à notre aise. Si l'un de vous ramène un grain de sable, je vous promets de créer une terre nouvelle où nous pourrons habiter. »

Quelques animaux s'aventurent dans les profondeurs de la mer, mais reviennent vite à la surface, épuisés. À son tour, un rat musqué plonge. Quelques jours plus tard, il refait surface, mais il est sans vie. Les animaux le ramènent sur le radeau et Grand-Lièvre inspecte ses pattes. Entre ses griffes, il découvre un grain de sable. Il le place dans le creux de sa main chaude et souffle dessus. Le grain de sable commence à grandir, grandit encore, devient une montagne puis, au bout d'un moment, la terre promise par Grand-Lièvre.

Chaque animal se retire alors dans le milieu où il pourra combler ses besoins. L'ours polaire se dirige vers les glaces du Nord ; le renard creuse son terrier ; l'oiseau bâtit son nid sur la branche d'un arbre. Enfin, les animaux peuvent vivre en paix.

Par la suite, Grand-Lièvre fait naître les humains et leur apprend à chasser et à pêcher. À leur tour, les humains construisent leurs campements et vivent heureux.

(Adaptation d'un récit algonquien, tiré d'un site Internet sur les Indiens d'Amérique)

■ Illustre une scène de l'histoire de la création du monde par Grand-Lièvre.

Qui a joué un rôle important dans cette histoire ? Comment ?

Pourquoi les animaux ne pouvaient-ils pas combler leurs besoins ?

p. 86
Description

La fête des Moissons

Pour vivre, nous avons besoin de la nature. Durant tout l'été, la terre se prépare à une moisson abondante. À l'automne, voici venu le temps des récoltes.

De bons fruits qui deviendront des confitures si délicieuses.

Des légumes plein de vitamines pour se nourrir.

Des céréales pour faire le pain et fabriquer les pâtes dont raffolent les enfants.

L'Action de grâce

Au Canada, les chrétiens célèbrent l'Action de grâce ou le *Thanksgiving Day*. Ils remercient Dieu pour toute la nourriture que la terre leur a donnée. Cette fête marque la fin des récoltes. Elle se déroule en famille ou entre amis, le deuxième lundi d'octobre. La tradition veut que l'on mange de la dinde rôtie avec de la sauce aux canneberges, des patates douces et de la tarte à la citrouille.

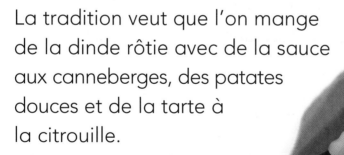

La fête de *Soukkôth*

Chez les juifs, la fête de la récolte d'automne s'appelle *Soukkôth* ou encore « fête des Cabanes ». Elle dure huit jours. Les cabanes sont de petites huttes faites de branchages. À l'intérieur, les juifs suspendent des fruits et des légumes, des pommes, du raisin, du maïs et des grenades. Ils y reçoivent leur famille et leurs amis et lisent la Torah. Ces cabanes leur rappellent les tentes de leurs ancêtres qui vivaient dans le désert du Sinaï.

■ Associe les illustrations à la fête correspondante.

Parmi tout ce que la nature offre, qu'est-ce que tu aimes le plus ? Pourquoi ?

Grenades : fruits de la grosseur d'une pomme renfermant des grains rouges que l'on peut manger.

Torah : livre qui contient les règles et les enseignements de la religion juive.

p. 87

Jugement de préférence

De quoi avons-nous besoin?

Besoin de manger

Tout comme l'automobile a besoin d'essence pour fonctionner, ton corps a besoin d'énergie pour jouer, marcher et apprendre. Cette énergie, tu la trouves dans ce que tu manges. Quels sont tes aliments préférés?

Besoin de se loger

Il existe toutes sortes de maisons. Toutes servent à nous protéger lorsqu'il pleut ou qu'il fait froid, lorsque nous sommes malades ou fatigués. À quoi sert chaque pièce de la maison?

Besoin de se vêtir

Des bottes beiges pour marcher dans la neige!
Un maillot pour jouer dans l'eau!
Un pyjama à carreaux pour faire dodo!
L'important, c'est de bien te vêtir
selon la saison et l'activité que tu pratiques.
Quel est ton vêtement favori?
Pourquoi aimes-tu ce vêtement?

■ **De quel besoin s'agit-il?**

D'autres besoins importants

Besoin de sécurité

Tu as peur de te retrouver dans le noir. Tu n'aimes pas qu'un élève plus vieux te bouscule dans la cour de l'école. Tu ne voudrais pas avoir un accident de vélo. Tu as bien raison ! Autour de toi, des personnes veillent sur ta sécurité. Aussi, il existe des règles pour te protéger.

Qu'arrive-t-il si quelqu'un ne respecte pas une règle de sécurité ?

Besoin d'amour

Des caresses et des bisous,

Des petits services rendus,

Un surnom murmuré tout doucement,

Des petits gestes de rien du tout

Pour combler ton besoin d'amour.

Qui peut t'apporter tout cet amour dont tu as besoin ? Et toi, à qui donnes-tu de l'amour ?

Besoin d'apprendre

Apprendre à lire, à écrire et à compter.

Apprendre comment vivaient les chevaliers.

Apprendre le nom des étoiles.

Apprendre comment avancent les bateaux à voiles.

Pour grandir, tu as besoin de découvrir.

Tu te poses souvent des questions. Où peux-tu trouver toutes les réponses ?

Besoin pour vivre

J'ai besoin pour vivre sur terre
De soleil et de pluie
De légumes et de fruits
J'ai besoin de bouger
De dormir et manger
J'peux pas vivre sans être aimé

J'ai besoin pour vivre sur terre
De rire, de m'amuser
Et surtout de chanter
J'ai besoin de danser
Avec le monde entier
J'peux pas vivre sans être aimé

(*Besoin pour vivre*, paroles et musique de Claude Dubois, Les éditions CD.)

■ Classe les besoins par ordre d'importance.

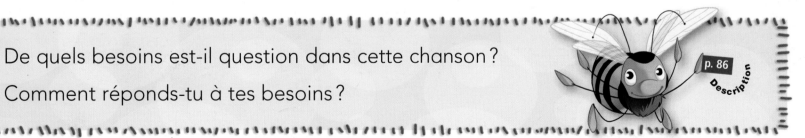

De quels besoins est-il question dans cette chanson ?

Comment réponds-tu à tes besoins ?

p. 86
Description

Pareil, pas pareil

Nous sommes tous des êtres différents. Parfois, nous préférons faire comme les autres et passer inaperçu tandis que, d'autres fois, nous aimons bien être unique et original. Viens découvrir les histoires de Rama et de Rémi qui vivent, eux aussi, leurs différences.

Rama et Sita

Loyal : honnête.

Redouté : craint.

Dans un pays qui s'appelle l'Inde, vit Rama, un jeune prince.

C'est un homme courageux, généreux, juste et loyal. Il s'approche de la perfection. Peu avant de devenir roi, on l'oblige à quitter le royaume avec sa femme Sita et son plus jeune frère. Il s'installe donc avec eux dans la forêt et ils y vivent heureux.

Un jour, Ravana, le très redouté roi-démon, enlève Sita. Elle est d'une beauté exceptionnelle et il veut l'épouser. Sita appelle au secours. Le roi-vautour l'entend et se précipite vers elle. Dès que Ravana l'aperçoit, il le blesse. Sur le point de mourir, le roi-vautour raconte à Rama tout ce qui vient d'arriver.

Accompagné de son frère, Rama part à la recherche de Sita. Le roi-singe, son fidèle ami, lui offre également son aide. Ensemble, ils apprennent que le roi-démon se cache sur une île avec la belle Sita.

Les trois amis se rendent alors sur l'île. Après plus de 10 jours de combat, ils réussissent à vaincre Ravana et à délivrer Sita.

Rama et Sita peuvent enfin retourner dans leur royaume. Le peuple est très heureux. Tous les gens allument des chandelles le long de la route qui les ramène chez eux. Ils organisent également une grande fête pour accueillir leur nouveau roi, ce héros qui a vaincu le méchant Ravana.

Lors de la fête de Divali, les hindous allument plusieurs bougies pour se rappeler cette histoire de la victoire du bien sur le mal, du triomphe de la lumière sur la noirceur.

Hindous: personnes qui pratiquent l'hindouisme, la religion traditionnelle de l'Inde.

■ **Remets l'histoire de Rama et Sita en ordre.**

Rama et Ravana sont deux personnages bien différents. S'ils étaient pareils, est-ce que cette histoire serait la même ? Pourquoi ?

p. 86 Conversation

Vive la différence !

Rémi rêve de devenir un grand ingénieur. Il peut passer plusieurs heures à bricoler avec son papa dans l'atelier. Aujourd'hui, Rémi est plutôt distrait. Son enseignant a annoncé un concours d'inventions à l'école. Il est très excité !

Le soir même, il se met au travail avec son papa. On les entend scier, clouer, souder, visser. Rémi court d'un bout à l'autre de la maison à la recherche de fils électriques, de piles, de vis, de morceaux de bois.

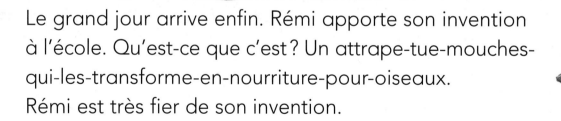

Le grand jour arrive enfin. Rémi apporte son invention à l'école. Qu'est-ce que c'est ? Un attrape-tue-mouches-qui-les-transforme-en-nourriture-pour-oiseaux. Rémi est très fier de son invention.

Il la dépose dans la salle d'exposition. Là, il examine les autres créations. Un gros nuage assombrit son regard. Les inventions de ses camarades sont toutes faites de plastique aux couleurs éclatantes. La sienne est en bois et en métal. Que du gris et du brun !

Les autres inventions sont de véritables jouets :
une radio en forme de chat, un chien muni
d'une télécommande, un oiseau-télévision…
La sienne ne ressemble vraiment pas à un jouet.
Rémi aime beaucoup sa construction, mais il aurait
voulu qu'elle soit comme les autres.

Des ingénieurs sont invités à juger les inventions. Après quelques
heures, ils ont enfin trouvé un gagnant. C'est Rémi ! Il a gagné
parce que sa machine est ingénieuse, parce qu'elle est très utile
et qu'elle est unique en son genre.

Ingénieuse :
qui fait preuve
d'une grande
imagination.

Maintenant, Rémi ne voit plus la différence de la même manière.

■ **Comment te sentirais-tu dans certaines situations ? Bien ou mal ?**

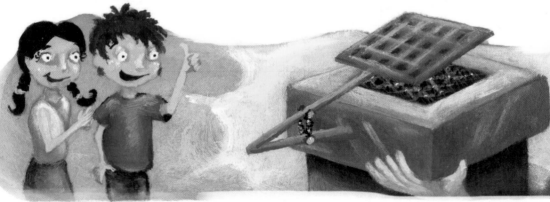

Raconte un événement où tu as éprouvé les mêmes
sentiments que Rémi.

p. 84
Narration

Noël des uns et des autres

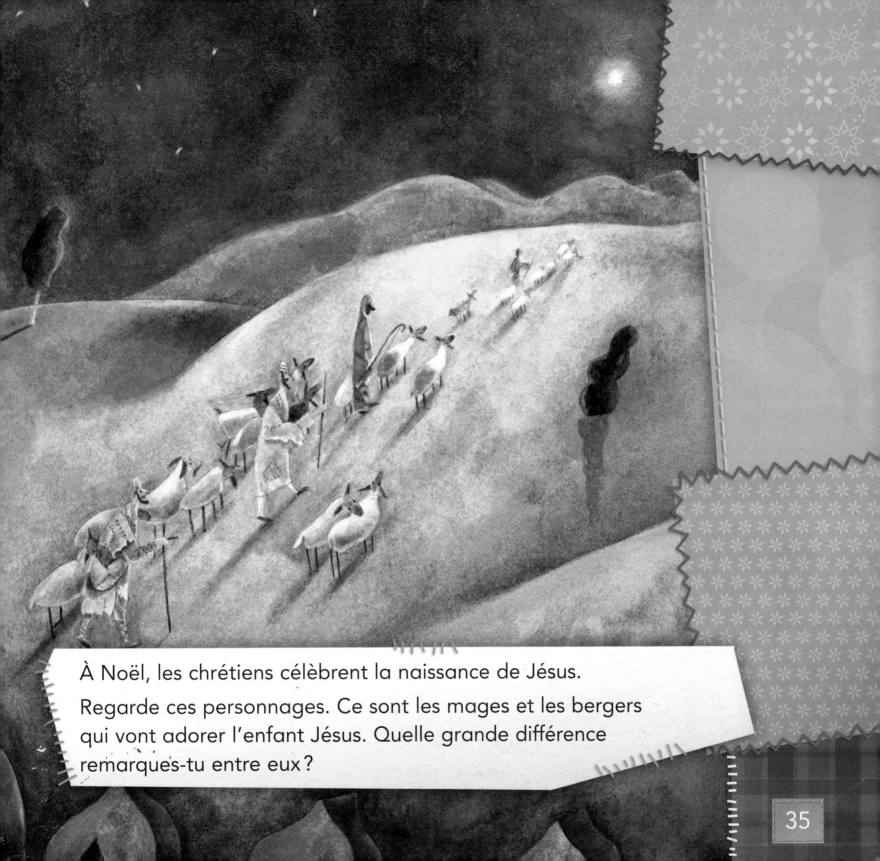

À Noël, les chrétiens célèbrent la naissance de Jésus.

Regarde ces personnages. Ce sont les mages et les bergers qui vont adorer l'enfant Jésus. Quelle grande différence remarques-tu entre eux ?

Suivons l'étoile

C'est l'époque où les bergers vivent dans les champs et les montagnes. Ils gardent les chèvres et les moutons. Avant de s'endormir, ils observent les dessins que font les étoiles dans le ciel.

Sauveur:
Jésus.

Un soir, une surprise les attend : entre les étoiles, ils voient apparaître un ange. Les bergers sont très étonnés. L'ange les rassure et leur dit : « Aujourd'hui, à Bethléem, vous est né un Sauveur. Voici le signe qui vous est donné : vous trouverez un nouveau-né couché dans une crèche. »

Sans tarder, les bergers se rendent à la ville. Ils arrivent à une étable où se trouvent Marie, Joseph et un petit bébé couché sur la paille. C'est Jésus. Ils ressentent une joie immense en le voyant. Les bergers s'en retournent alors pour répandre la bonne nouvelle.

Quelque temps avant la naissance de Jésus, des mages d'Orient avaient aperçu une étoile bien spéciale. Pour eux, c'est l'étoile qui annonce la naissance du roi des Juifs.

Ils se mettent aussitôt en route, le nez pointé vers le ciel, guidés par l'étoile. Après plusieurs jours, les mages arrivent à la crèche et voient l'enfant Jésus. La joie qui les envahit efface vite la fatigue de la longue route. Ils s'agenouillent devant l'enfant. De leurs coffres, ils sortent de l'or, de l'encens et de la myrrhe et les offrent au nouveau-né.

■ Jouons aux dominos des mages et des bergers.

Mages: astrologues venus de pays lointains.

Encens: gomme provenant d'un arbre, qui dégage une odeur spéciale en brûlant.

Myrrhe: substance sortant de l'écorce d'un arbre, utilisée pour son parfum.

Les mages étaient riches et les bergers, pauvres.

Qu'ont-ils éprouvé en voyant l'enfant Jésus?

Leurs sentiments étaient-ils différents? Pourquoi?

p. 86
Comparaison

Musique et cantiques

La naissance de Jésus a uni les mages et les bergers dans un même grand bonheur. Il y a autre chose qui rassemble tous les êtres, riches ou pauvres : c'est la musique. C'est un langage que tout le monde peut comprendre.

Des compositeurs célèbres ont écrit des œuvres musicales que l'on associe à Noël. Elles décrivent les événements qui entourent la naissance et la vie de Jésus. Jean-Sébastien Bach a composé *L'oratorio de Noël* (1734), et Georg Friedrich Haendel, *Le Messie* (1742).

Oratorio : œuvre religieuse chantée.

Messie : Jésus, le fils de Dieu.

Chaumières : petites maisons aux toits faits de paille.

Paysans : personnes vivant à la campagne et s'occupant des travaux de la terre.

Plusieurs autres compositeurs ont écrit des cantiques de Noël. Ces chants religieux se sont vite répandus dans les villes et les villages, les chaumières et les châteaux. Les rois et les paysans aimaient tous chanter. Aujourd'hui encore, les chants de Noël retentissent dans les maisons, les églises et les salles de concert au temps des fêtes.

Entre le bœuf et l'âne gris est un chant de Noël très ancien. Il date du 16ᵉ siècle. *Les anges dans nos campagnes* et *Ça bergers* ont été composés à peu près à la même époque.

16ᵉ siècle : de l'an 1501 à 1600.

Douce nuit, sainte nuit a été chanté pour la première fois en 1818 dans une église en Autriche. Ce chant religieux, dont le texte original est en allemand, a été traduit dans plus de 100 langues. Il est devenu célèbre dans le monde entier.

■ Fabrique une carte de Noël en t'inspirant d'un chant de Noël.

Quels autres chants de Noël connais-tu ?

Qu'ont en commun ces chants ?

p. 86
Comparaison

Riches et pauvres

Connais-tu la chanson Le Noël des enfants oubliés ? Elle raconte le Noël des enfants pauvres et malheureux. Dans notre pays, des familles sont riches, mais d'autres sont démunies. Ailleurs dans le monde, certains enfants n'ont pas la même chance que nous. Comparons un peu ici et ailleurs.

À Noël, chez Lucas, il y aura un délicieux repas. Puisqu'il n'aime ni le potage, ni les haricots, ni la salade de fruits, il ne mangera presque rien.

Club des petits déjeuners du Québec : organisme qui offre le petit déjeuner tous les jours de classe aux enfants qui en ont besoin.

Bénévole : qui fait quelque chose sans obligation et gratuitement.

Il arrive que Samuel parte à l'école le ventre vide. Ces matins-là, il est bien heureux de déjeuner à l'école grâce au Club des petits déjeuners du Québec. Il y prend un bon repas, servi avec le large sourire d'une maman bénévole. Il y retrouve même quelques amis.

Charlotte est contente d'être en vacances à Noël. Elle aime aller à l'école, mais elle préfère rester à la maison pour s'amuser.

Kokou rêve d'aller à l'école, mais il n'y en a pas encore dans son village. De toute façon, il doit travailler. Tous les jours, il va chercher de l'eau au puits du village.

Dominique a dressé une longue liste de cadeaux de Noël : un toutou en forme de lion, un livre sur les chiens, un château de chevaliers, une radio, un jeu vidéo et une série de dinosaures en plastique.

Pour Noël, Adelisa aimerait aussi avoir des jouets. Plutôt, elle recevra quelques vêtements et une couverture chaude pour passer l'hiver.

■ Trouve des gestes responsables envers les autres.

Qu'est-ce que ça veut dire, être riche ?
Qu'est-ce que ça veut dire, être pauvre ?

p. 86
Description

Les cadeaux

Comme chaque année, Frimousse attend Noël avec impatience pour ouvrir ses cadeaux. Très différents d'une année à l'autre, ce sont toujours de belles surprises. Ce matin du 25 décembre, Frimousse s'éveille, bercé par la musique de Noël. Il descend vite l'escalier qui mène au salon. Trois cadeaux l'attendent sous le sapin.

Il déballe le premier : un bouclier de chevalier. C'est son papa qui l'a fabriqué et qui a peint les armoiries que Frimousse avait dessinées dans son calepin. Depuis longtemps, Frimousse rêvait d'un bouclier comme celui-là. Il pense déjà au moment où il jouera avec ses amis.

Il s'empresse d'ouvrir le deuxième cadeau : un livre sur les tours de magie avec tout le matériel nécessaire pour devenir un bon magicien. Exactement ce qu'il souhaitait. Frimousse se demande si ce cadeau vient du père Noël ou de ses parents.

Enfin, il développe le dernier cadeau : une boîte remplie de ses biscuits préférés, un petit oiseau rouge que maman a fabriqué avec des bouts de tissu et deux coupons-cadeaux pour cuisiner la recette de son choix avec elle. Sa maman a des doigts de fée. Elle sait tout transformer en merveilles et ses biscuits sont les meilleurs. Il serre le petit oiseau contre son cœur, croque un biscuit et va ranger ses coupons-cadeaux précieusement.

Frimousse se sent vraiment heureux de recevoir tant d'attention de la part de ses parents. Il leur saute au cou et les couvre de bisous.

■ Aide le père Noël à classer les cadeaux.

Quels cadeaux aimes-tu offrir ?

Quels cadeaux aimes-tu recevoir ?

p. 87

Jugement de préférence

Jour de naissance, jour d'anniversaire

Que célébrons-nous le jour de ton anniversaire? Un événement important: le jour de ta naissance.

Comme toi, Moïse et Siddhartha ont été de petits bébés.

Viens découvrir l'histoire de la naissance de ces personnages religieux et des façons de souligner des anniversaires.

Un bébé dans une corbeille

Papyrus : plante dont la grosse tige sert à fabriquer des objets et du papier.

Goudron : substance huileuse qui rend imperméable.

Roseaux : plantes à tiges droites et à feuilles étroites qui poussent au bord de l'eau.

L'histoire de la naissance de Moïse est connue des chrétiens, des juifs et des musulmans. Écoute cette histoire bien particulière !

Un nouveau roi règne sur l'Égypte. Il est inquiet. Dans son royaume, vivent des gens qui viennent d'un autre pays. Ce sont les Hébreux. Le roi craint qu'ils ne deviennent plus nombreux et plus puissants que les Égyptiens. Il décide donc de faire disparaître tous les bébés garçons hébreux.

Un jour, une maman met au monde un petit garçon. Elle l'aime tellement qu'elle ne veut pas qu'il meure. Pendant trois mois, elle réussit à le cacher, mais elle a peur que quelqu'un le découvre.

Elle prend donc une corbeille tressée de tiges de papyrus. Elle la recouvre de goudron et de colle. Tout doucement, elle couche son bébé dans la corbeille et va la déposer parmi les roseaux, au bord du Nil, un long fleuve de l'Égypte. La grande sœur du bébé se tient tout près pour observer ce qui arrivera à son petit frère.

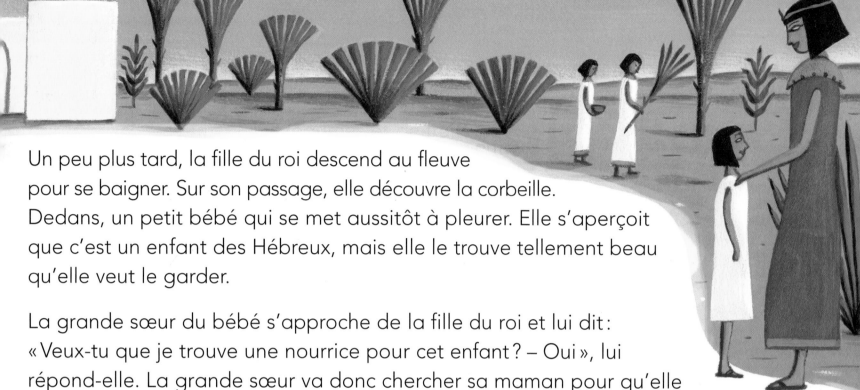

Un peu plus tard, la fille du roi descend au fleuve pour se baigner. Sur son passage, elle découvre la corbeille. Dedans, un petit bébé qui se met aussitôt à pleurer. Elle s'aperçoit que c'est un enfant des Hébreux, mais elle le trouve tellement beau qu'elle veut le garder.

La grande sœur du bébé s'approche de la fille du roi et lui dit : « Veux-tu que je trouve une nourrice pour cet enfant ? – Oui », lui répond-elle. La grande sœur va donc chercher sa maman pour qu'elle prenne soin de son petit frère.

Lorsque l'enfant est plus grand, sa maman le ramène au palais royal. La fille du roi l'adopte et lui donne le nom de Moïse car, dit-elle, « je l'ai tiré des eaux ».

Quand Moïse est devenu adulte, il a fait sortir les Hébreux de l'Égypte où ils étaient les esclaves du roi.

Esclaves : personnes qui ne sont pas libres et qui dépendent totalement d'un maître.

■ Si tu devais faire un livre avec cette histoire, quel titre lui donnerais-tu et comment illustrerais-tu la première page ?

Pourquoi le roi veut-il faire disparaître tous les bébés garçons hébreux ?

p. 86
Description

La naissance de Siddhartha

La naissance de Siddhartha, celui qui deviendra plus tard le Bouddha, donne lieu à un récit légendaire.

Imagine des montagnes si hautes qu'elles sont toujours enneigées. Dans la plaine, au bas de ces montagnes, il y a un palais où vit un roi nommé Suddhodana. Il est triste parce qu'il n'a pas d'enfant qui héritera de son royaume.

Une nuit, sa femme, la reine Maya, rêve qu'un magnifique éléphant blanc à six **défenses** vient la visiter. En s'éveillant, elle ressent une joie inexplicable. Elle raconte son rêve au roi qui, aussitôt, va demander aux sages du palais de lui en donner la signification.
Selon eux, la reine donnera naissance à un petit bébé qui deviendra un grand homme.

Défenses: longues dents recourbées utilisées comme moyen de défense.

Quelques mois plus tard, la reine se rend auprès de ses parents, dans un village appelé Lumbini. Elle s'arrête dans un petit bois non loin de là, s'appuie à une branche d'arbre et donne naissance à un petit garçon. Au même moment, une pluie de pétales de fleurs tombe sur elle.

Le roi prénomme son fils Siddhartha. Aussitôt né, l'enfant se met debout et commence à marcher. Sept jours plus tard, la reine Maya meurt des suites d'une terrible maladie. Siddhartha est alors confié à sa tante, qui épouse le roi. Il est élevé comme un vrai petit prince.

À l'âge adulte, Siddhartha devient le Bouddha, un grand sage qui enseigne à surmonter la souffrance.

■ **Relie les phrases à l'histoire de Moïse ou à celle de Siddhartha.**

En quoi l'histoire de la naissance de Siddhartha est-elle semblable ou différente de celle de Moïse ?

p. 86 Comparaison

Une fête bouddhique

Bouddhisme: doctrine religieuse.

Temple: lieu de prière et de méditation.

Autel: table ayant une fonction religieuse.

Tous les ans, les bouddhistes célèbrent l'anniversaire de naissance de Siddhartha, car il est devenu un personnage important. Il est le fondateur du bouddhisme.

Cette fête se nomme le *Wesak*. Pour plusieurs bouddhistes, elle rappelle trois événements survenus à la même date: la naissance de Siddhartha, le jour où il est devenu le Bouddha ainsi que le jour de sa mort.

Viens voir comment la famille de Yan célèbre cette fête.

C'est la pleine Lune! Yan et sa famille s'apprêtent à célébrer le *Wesak*. Ce jour-là, ils se rassemblent au temple. Yan aide à laver les petites statues du Bouddha enfant. Sa maman dépose des fleurs et de l'encens sur l'autel et son papa allume des bougies.

Dans le jardin, les parents et les amis se rassemblent autour d'un arbre. Yan aide les autres enfants à décorer l'espace autour de l'arbre avec des drapeaux de prières colorés et des lanternes. Ils disposent aussi des lampes à l'huile et une image du Bouddha.

Après le coucher du soleil, ils chantent et récitent un mantra bouddhiste tout en marchant autour de l'arbre et en l'arrosant. Certains resteront pour méditer autour de l'arbre, jusque tard dans la nuit. Ce soir-là, Yan est content parce qu'il peut se coucher tard et jouer avec les lanternes.

Mantra : récitation servant à la méditation.

Méditer : se concentrer, réfléchir.

■ Quelles descriptions sont reliées à la fête du *Wesak* ?

Quel anniversaire souligne-t-on lors de la fête du *Wesak* ?

Connais-tu une autre fête où on célèbre la naissance d'un personnage important ?

Ces fêtes se ressemblent-elles ?

p. 86 Description

Bonne fête Samantha!

Aujourd'hui, c'est l'anniversaire de Samantha. En déjeunant, sa maman lui raconte les beaux moments de sa naissance. Samantha adore ce récit ! Ensuite, elle décore la maison avec sa maman, prépare des surprises pour ses amies et organise des jeux.

Ding ! Dong ! Voici la première amie qui arrive. Elle donne un cadeau à Samantha. D'autres amies suivent, apportant elles aussi un petit cadeau. Tout l'après-midi, elles s'amusent. Un peu plus tard, la maman invite les filles à manger le gâteau d'anniversaire. Il y a huit bougies. En chœur, toutes les amies chantent « Bonne fête ». Samantha souffle les bougies en faisant un vœu.

Vœu :
quelque chose que l'on désire et souhaite voir se réaliser.

Le lendemain, Samantha se rend chez son papa. Il revient tout juste du Mexique, le pays où il est né. Il a rapporté une belle surprise : une *piñata*. Fabriquée de papier mâché, elle a la forme d'un gros soleil et elle est remplie de petites gâteries.

La coutume veut qu'on suspende la *piñata* à une branche d'arbre et que les enfants la cassent à l'aide d'un bâton pour faire tomber tout ce qu'elle renferme.

C'est Miguel, le petit frère de Samantha, qui commence. On lui bande les yeux et on le fait tourner six fois sur lui-même parce qu'il a six ans. Ses cousins et ses cousines lui disent où frapper.

Après, c'est le tour de Samantha. Allez, hop ! Elle réussit à casser la *piñata*. Une pluie de bonbons et de surprises tombe sur le sol. Les enfants les ramassent en riant.

■ Illustre et décris une fête d'anniversaire à laquelle tu as déjà participé.

Samantha a été fêtée deux fois et de manière différente. Compare les deux fêtes. Qu'est-ce que tu as préféré de chacune d'elles ?

p. 87

Jugement de préférence

L'humain et la nature

Des lacs pour se baigner, des arbres pour jeter de l'ombre, de l'herbe pour nourrir les animaux, de la pluie pour arroser les fleurs, tout cela se trouve dans la nature. Quand tu regardes le ciel parsemé d'étoiles, la mer grouillante de poissons et la terre peuplée d'êtres vivants, quels sentiments éprouves-tu?

Le château de Salomé

Corsaire :
pirate, aventurier.

Piétine :
écrase avec
les pieds.

Fous de Bassan :
gros oiseaux
blancs vivant
sur les falaises
près de la mer.

Salomé habite aux Îles-de-la-Madeleine, dans une maison au bord de la mer. Pour se rendre à la plage, elle emprunte un sentier qui conduit au bas de la falaise. Elle aime bien y aller pour jouer au pirate et construire des châteaux de sable.

Ce matin, Salomé met son chapeau de corsaire et part vers la mer, accompagnée de sa maman. En route, elle donne des coups d'épée aux plantes, les prenant pour de vilains pirates. Plus loin, elle piétine une fourmilière comme s'il s'agissait d'un bateau ennemi. Elle jette des cailloux aux mouettes et aux fous de Bassan, en s'imaginant lancer des boulets de canon. Les oiseaux s'envolent en criant. Elle se sent la plus forte.

En arrivant à la plage, Salomé commence à remplir des seaux de sable afin de construire un immense château. Après beaucoup de travail, elle se relève, fière de sa création. Elle appelle sa maman pour lui montrer son œuvre mais, au même moment, une grosse vague démolit le château de Salomé. Il n'en reste que des ruines.

Salomé est furieuse. Elle a passé tant de temps à travailler et, voilà qu'en deux secondes, une vague a tout englouti. Elle pleure et lance des poignées de sable à la mer. Elle ne se sent plus aussi forte.

Ruines: restes d'une construction en partie détruite.

Englouti: fait disparaître de façon soudaine.

■ Choisis deux actions que Salomé a accomplies et propose-lui une manière différente de faire.

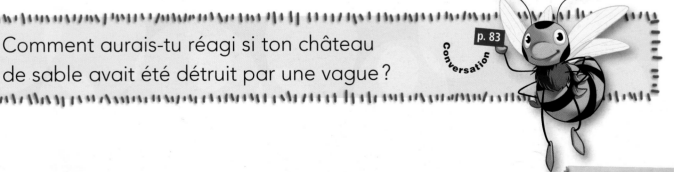

Comment aurais-tu réagi si ton château de sable avait été détruit par une vague?

Conversation p. 83

Quand l'humain s'en mêle

Avalanche :
masse de neige qui se détache de la montagne, tombe et écrase tout sur son passage.

Parfois, la nature nous montre sa puissance. Une seule vague suffit pour démolir les châteaux de sable. Un coup de vent violent peut arracher les toits des maisons. Une avalanche écrase de braves aventuriers.

Souvent, l'inverse se produit. Ce sont les humains qui détruisent la nature.

Avant, une jolie rivière coulait paisiblement. Depuis que les humains y ont déversé des déchets, personne ne peut aller jouer dans cette rivière.

Il aura fallu 100 ans à cet arbre pour devenir aussi grand, aussi majestueux. Aujourd'hui, avec nos outils et nos machines, nous pourrions le couper en quelques minutes.

Les humains adoptent parfois des comportements irresponsables ou imprudents qui nuisent à l'équilibre de la nature. Par exemple, la coupe à blanc des forêts dévaste le milieu naturel de certains animaux. La chasse exagérée peut contribuer à la disparition de certaines espèces animales.

Au Québec, le béluga, qui habite l'estuaire du Saint-Laurent, la grenouille et le faucon pèlerin font partie des animaux menacés, qui risquent de disparaître.

Coupe à blanc: coupe de tous les arbres d'une forêt.

Béluga: petite baleine blanche.

Estuaire: partie du fleuve qui se jette dans la mer.

■ Dans la cour de l'école, comment peux-tu agir de façon responsable envers l'environnement ?

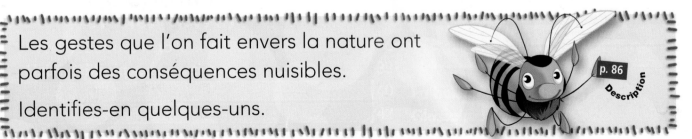

Les gestes que l'on fait envers la nature ont parfois des conséquences nuisibles.

Identifies-en quelques-uns.

p. 86 Description

Une pensée pour la terre

Amérindiens:
peuples autochtones de l'Amérique du Nord à l'exception des Inuit.

Cupidité:
le désir exagéré de posséder beaucoup de choses.

Les Amérindiens sont très attachés à la terre et lui témoignent un profond respect. De génération en génération, ils se sont transmis oralement des chants, des prières et des légendes qui nous montrent l'importance de la nature dans leur vie. En voici quelques exemples.

Grand Esprit,

Donne-nous des cœurs capables de comprendre

qu'il ne faut jamais prendre à la création

plus de beauté qu'on ne lui donne.

Qu'il ne faut jamais la détruire volontairement

pour satisfaire notre cupidité.

Qu'il ne faut jamais refuser, avec nos mains,

de rendre à la terre sa beauté, là où il le faut.

Qu'il ne faut jamais lui prendre

ce dont nous n'avons pas besoin.

Si nous l'entourons d'amour,

elle sera généreuse pour nous.

(Extrait d'une prière amérindienne)

Nous sommes reconnaissants

Nous remercions la terre, notre mère,

pour la nourriture qu'elle nous procure.

Nous remercions les fleuves et les ruisseaux

pour l'eau qu'ils nous procurent.

Nous remercions les herbes

pour la guérison qu'elles nous procurent.

Nous remercions les buissons et les arbres

pour les fruits qu'ils nous procurent.

Nous remercions le vent

qui remue l'air et éloigne les maladies.

Nous remercions avant tout le Grand Esprit

qui réunit tous les bienfaits en lui et gouverne

pour le bien-être de ses enfants.

(Extrait d'une prière amérindienne)

■ Illustre un geste responsable que les Amérindiens proposent pour protéger la nature.

Les Amérindiens remercient la terre pour ce qu'elle procure. Donnes-en des exemples.

Pourquoi la nature est-elle importante pour les Amérindiens ?

p. 83 Discussion

Laisser des traces

Le passage de quelqu'un sur terre laisse des traces.
Viens découvrir les cycles de la vie et différentes traces
que l'on peut laisser derrière soi.

Pâques

Le printemps est dans l'air ! C'est Pâques, la fête religieuse la plus importante pour les chrétiens. Que célèbrent-ils au juste ?

Il y a 2000 ans, Jésus a été arrêté, puis crucifié ; ses ennemis l'ont mis sur une croix et l'ont laissé mourir. C'était un vendredi. Après sa mort, ses amis ont placé son corps dans une grotte et ils ont roulé une grosse pierre devant l'entrée.

Ressuscité : revenu à la vie après la mort.

Le dimanche matin, à l'aube, des femmes sont allées au tombeau de Jésus. Elles ont découvert que la pierre avait été déplacée. Le corps de Jésus n'y était plus. Il était ressuscité. Ainsi, le jour de Pâques, les chrétiens fêtent la résurrection de Jésus.

Le dimanche de Pâques, tous les membres de la famille d'Antoine portent de beaux vêtements pour aller au service religieux. Au retour, Antoine va dans le jardin avec ses cousins et cousines, à la recherche des œufs de Pâques. Ensuite, un repas de fête est servi.

Plusieurs histoires expliquent la tradition des œufs de Pâques. Chez les catholiques, les cloches de l'église ne sonnent pas du Vendredi saint au dimanche de Pâques. Dans une histoire, on dit que les cloches vont à Rome où elles se remplissent d'œufs de Pâques et, qu'à leur retour, elles les laissent tomber dans les jardins. Dans d'autres histoires, ce sont de petits animaux comme les lapins ou les renards qui cachent les œufs. Les enfants n'ont plus qu'à les trouver.

Rome : ville d'Italie, à l'intérieur de laquelle se situe la Cité du Vatican où habite le pape, le chef de l'Église catholique.

■ Prépare une chasse aux questions sur Pâques.

Que veut dire Pâques pour toi ?

Comment se déroule la fête de Pâques autour de toi ?

p. 86
Description

La Pâque juive

Hébreu:
langue parlée autrefois par les Hébreux et aujourd'hui par les Israéliens.

Repas pascal:
repas de Pâque.

Bénédictions:
protection ou faveurs accordées par Dieu.

Les juifs fêtent la Pâque au printemps. En hébreu, Pâque se dit *Pessah* et signifie «passage». Lors de cette fête, ils célèbrent un moment très important de leur histoire: le jour où leur peuple est devenu libre. Grâce à Moïse, les juifs ont fui l'Égypte où ils étaient des esclaves.

Plusieurs coutumes sont associées à cette fête qui dure huit jours. Les deux premiers soirs, les familles se réunissent pour fêter le *Seder*. Ce repas pascal se déroule selon un ordre précis mêlant bénédictions, nourriture, histoires et chants. Chaque étape rappelle un événement lié au récit de la libération.

■ Prépare une chasse aux questions sur la Pâque juive.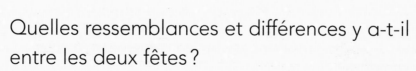

Quelles ressemblances et différences y a-t-il entre les deux fêtes?

p. 86
Comparaison

Le cycle de la vie

Après le long hiver, voilà que la nature renaît. C'est le temps de faire bouillir l'eau d'érable. Les bourgeons sortent, les fleurs poussent lentement. C'est le printemps ! Ce phénomène se répète chaque année. On l'appelle le cycle des saisons.

Il y a aussi le cycle de la vie : la naissance, la croissance, la maturité puis la mort. Tous les êtres vivants – les plantes, les animaux et les humains – suivent ce cycle. À travers ce cycle, ils laissent de la vie derrière eux : des petits. C'est le début d'un nouveau cycle !

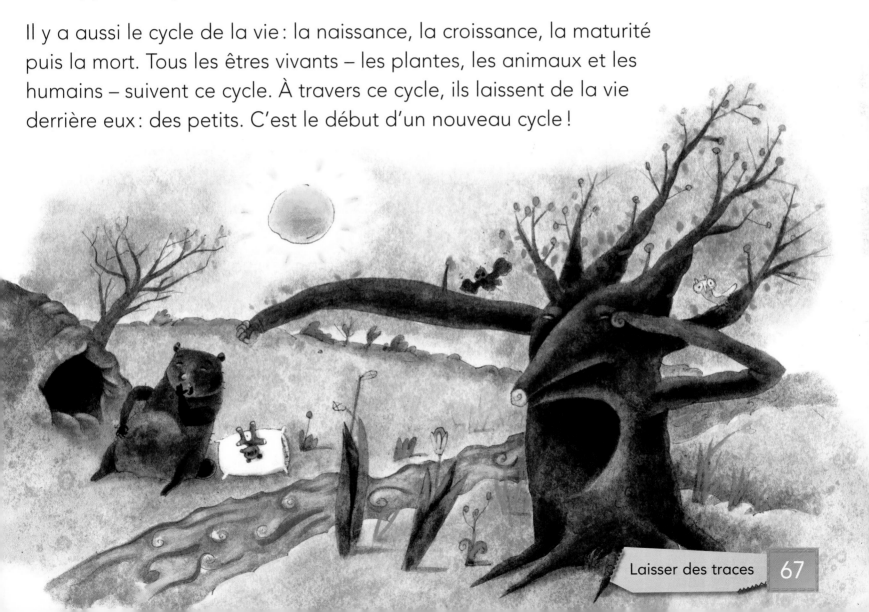

Les plantes de papi Charles

Mathilde regarde son papi Charles avec un sourire, parce qu'elle le voit parler avec une plante presque toute sèche.

– Tu as bien raison de me trouver drôle ! dit papi Charles. Je sais bien qu'elle ne me répondra pas. Tu sais, elle aussi est un papi. Ou plutôt une mamie.

– Comment ça ? demande Mathilde.

Bouture : partie d'un végétal coupée et plantée pour donner une nouvelle plante.

– Il y a quelques années, j'ai pris une bouture de cette plante. J'ai placé la tige dans l'eau, et elle a développé des racines. Je l'ai ensuite mise dans la terre et elle a grandi. La grosse plante est donc devenue une maman. Plus tard, j'ai fait la même chose avec le bébé plante qui avait grandi.

– Alors, ta grosse plante va être une « arrière-grand-plante » ?

– C'est ce que je lui disais. Tu vois comme elle est sèche aujourd'hui. Je crois qu'elle va mourir et je voudrais qu'elle produise un dernier bébé plante.

– Est-ce qu'il pourra être à moi ?

– Bien sûr ! Mais à la condition que tu en prennes bien soin.

– Promis, papi !

■ Décris le cycle de la vie de la plante de papi Charles.

Quelle différence y a-t-il entre le cycle de la vie et le cycle des saisons ?

Où te trouves-tu aujourd'hui dans le cycle de la vie ? Et dans le cycle des saisons ?

p. 86
Comparaison

 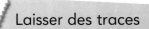

Des merveilles derrière soi

Certaines personnes, mortes depuis longtemps, ont laissé des œuvres et des constructions que nous admirons encore aujourd'hui. D'autres ont réalisé des découvertes qui sont fort utiles dans la vie quotidienne.

Connais-tu Léonard de Vinci ? C'était un vrai génie ! Né en Italie en 1452, il se distingue tout d'abord comme peintre. Tu connais peut-être sa très célèbre toile : *La Joconde*.

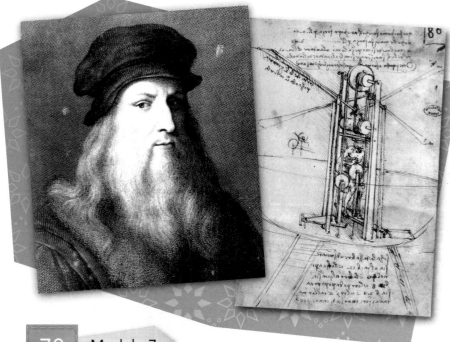

Léonard de Vinci était aussi un scientifique, un ingénieur et un inventeur. Il a conçu, entre autres, un hélicoptère, un sous-marin, une bicyclette. En 1517, il met ses talents au service du roi de France, François 1er. Deux ans plus tard, il meurt et laisse *La Joconde* en héritage au roi.

Les œuvres originales de Léonard de Vinci sont précieusement conservées dans des musées. Nous pouvons voir des reproductions de ses peintures et de ses dessins partout : dans des livres, sur des calendriers, sous forme d'affiches, etc.

Plusieurs autres personnes ont laissé des traces importantes derrière elles. En 1876, Alexander Graham Bell crée le premier téléphone. Justine Lacoste-Beaubien fonde l'Hôpital Sainte-Justine à Montréal en 1907. Joseph-Armand Bombardier fabrique la première motoneige en 1937.

D'une certaine façon, toutes ces personnes qui sont mortes vivent encore parmi nous, à travers les merveilles qu'elles ont laissées.

■ Réponds aux questions sur les inventions par vrai ou faux. ✍

Et toi, quelle merveille ou quelle invention aimerais-tu laisser derrière toi ?

p. 87

Jugement de préférence

Moi et les autres

papi Albert

mamie Cloclo

papa Frédérik

mama

Léa

Nath

papi Jean

mamie Nicole

Sandrine

À ta naissance, tes parents ont choisi ton prénom.
Tu es unique et tu vis avec d'autres personnes uniques :
tes parents, tes frères et sœurs, tes camarades de classe.
Viens voir comment Nathan essaie de bien vivre avec les autres.

Ton prénom, une histoire

Ton prénom te suit partout. Il te distingue des autres. Souvent, une petite histoire explique le choix de ce prénom. Écoute les enfants te raconter leur histoire.

Nathan

Mon père aimait ce prénom plus que tout. Il signifie « Dieu donne ». Papa ne voulait pas un autre nom pour son petit garçon.

Victor

Mes parents ont choisi ce prénom parce que c'est celui d'un écrivain célèbre : Victor Hugo.

Uma

Chez les hindous, le prénom peut être choisi selon la date de naissance. Il est très souvent inspiré d'un dieu ou d'une déesse. Mon prénom vient de la déesse de l'aurore, Uma. Chaque fois que mes parents me nomment, ils lui rendent hommage.

Noah

Mon prénom rappelle celui de Noé, qui a été sauvé du Déluge. C'est aussi le nom de mon grand-père.

Âlissa

Âlissa veut dire «joyeuse». Pour mes parents comme pour tous les juifs, le prénom a une signification particulière. Mes parents m'ont appelée ainsi parce qu'ils voulaient que je sois une petite fille joyeuse.

Florence

Mes parents voyageaient dans la ville de Florence, en Italie. C'est là que maman a appris qu'elle était enceinte. Ils ont donc décidé de me donner ce prénom.

■ **Dans la classe, trois élèves portent le même prénom. Cela veut-il dire que ce sont des personnes semblables? Pourquoi?**

Si tu devais choisir le nom d'un animal, quel serait-il?

Pour quelles raisons lui donnerais-tu ce nom?

p. 87

Jugement de préférence

Papa et maman

Les parents de Nathan sont les personnes les plus importantes dans sa vie. Il se sent aimé, aidé et guidé. Il y a deux journées spéciales dans l'année où les enfants pensent un peu plus à leurs parents. As-tu deviné de quelles journées il s'agit?

La fête des Mères

L'origine de la fête des Mères est très ancienne. Il y a plus de 2000 ans, à Rome, on célébrait le jour des mères le 1er mars. La fête des Mères qui a lieu de nos jours remonte à 1914. Une Américaine, Anna Jarvis, voulait rendre hommage à sa maman, morte deux ans plus tôt. Toute sa vie, cette femme avait souhaité qu'une date soit fixée sur le calendrier pour fêter toutes les mères. Anna a donc eu l'idée de demander au président des États-Unis d'établir une fête officielle pour toutes les mamans.

Depuis ce temps, nous célébrons la fête des Mères le deuxième dimanche de mai, le jour du décès de la mère d'Anna Jarvis. Cette fête a lieu dans plusieurs pays, mais pas nécessairement à cette date.

La fête des Pères

Les pères aussi auront droit à une fête. C'est une femme qui s'appelait Sonora Smart Dodd qui a eu cette idée. Sa mère est morte alors qu'elle était très jeune. Courageusement, son père a pris soin d'elle et de ses quatre frères et sœurs. Sonora voulait montrer à son père à quel point elle lui était reconnaissante.

En 1924, le président des États-Unis a décidé que les papas auraient une journée spéciale. Depuis 1966, nous célébrons la fête des Pères tous les ans, le troisième dimanche de juin.

Reconnaissante : touchée par le bien qu'on lui a fait.

■ Si tu voulais démontrer de la reconnaissance à tes parents ou à quelqu'un d'autre, comment pourrais-tu le faire ?

Est-ce que la fête des Mères et la fête des Pères sont importantes pour toi ? Pourquoi ?

Autour de toi, comment ces fêtes se déroulent-elles ?

p. 86
Description

Un gâteau surprise

Nathan et Sandrine veulent réserver une surprise à leur maman pour la fête des Mères. Écoutons-les.

– Papa ! Pourrais-tu nous aider à préparer un gâteau pour la fête des Mères ?

– Bien sûr ! Nous ferons la recette du gâteau aux bananes de mamie Cloclo. C'est celui que maman préfère.

– Moi aussi, je veux faire le gâteau, dit Léa, la petite sœur de quatre ans.

– Non, Léa ! Tu es trop petite, tu vas tout gâcher, répond Nathan.

– Si nous l'aidons, elle peut faire sa part, dit papa Frédérik. Il est normal que Léa veuille aussi faire plaisir à maman.

Les enfants se mettent au travail sous le regard attentif de papa. Sandrine, la plus grande, mesure les ingrédients. Nathan aide Léa à brasser le mélange. Ensuite, il le verse délicatement dans le moule. Papa allume le four et y dépose le gâteau.

Quand il est bien refroidi, les trois enfants préparent le glaçage et commencent à le décorer. Sandrine prend un tube de gelée et écrit sur le gâteau : « Merci maman ! » Nathan fait des dessins avec des bonbons de couleur. Léa commence à saupoudrer des brillants jaunes, mais il en tombe beaucoup et cela fait un amas. Les deux grands se regardent, mécontents de la gaffe de leur petite sœur.

Voyant la déception de Léa, papa s'exclame :

– Quel joli soleil, Léa ! Maman va en raffoler. Elle sera bien plus heureuse de recevoir un gâteau préparé par ses trois enfants que d'avoir un gâteau qui ressemble à ceux que l'on achète à la pâtisserie.

■ Complète le relais de l'entraide en y plaçant les personnages de l'histoire.

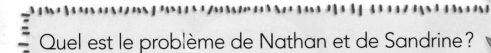

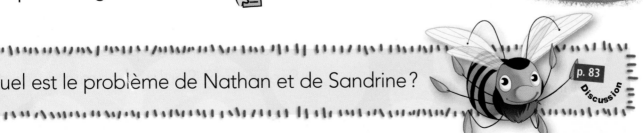

Quel est le problème de Nathan et de Sandrine?

p. 83
Discussion

Le cerf-volant

Nathan ouvre les yeux. Dehors, il voit les feuilles bouger au gré du vent. Il est heureux, son cœur se gonfle comme la voile d'un bateau. Il pourra enfin apporter son cerf-volant à l'école. Il en est tellement fier. Il l'a reçu le jour de son anniversaire. Pour lui faire une surprise, son papa avait écrit «Nathan» au bas du cerf-volant.

Aussitôt qu'il arrive dans la cour de l'école, ses amis se pressent autour de lui. La cloche sonne. Tous les élèves se mettent en rangs, sauf ceux de la classe de Nathan. Monsieur David, leur professeur, leur a accordé une permission spéciale.

Nathan ouvre délicatement le sac qui contient son cerf-volant. Puis, il place les fils, attrape les poignées et s'élance dans la cour. Un magnifique dragon se déploie dans le ciel. Le cerf-volant virevolte de gauche à droite, descend un peu, puis remonte en flèche. Les élèves le regardent, émerveillés. Même Monsieur David ne le quitte pas des yeux.

Les amis de Nathan veulent tous faire voler le cerf-volant. Nathan accepte de le leur prêter, en leur disant de faire attention. Kim et Santiago, les meilleurs amis de Nathan, sont les premiers à essayer. D'autres amis les suivent. Comme ils ont du plaisir !

Vient le tour de Lucas. Nathan ne veut pas lui prêter son cerf-volant, car il ne le trouve pas gentil. Lucas est furieux. Il prend des cailloux et les lance en direction du cerf-volant. Un caillou pointu atteint le cerf-volant et y perce un petit trou. Le beau dragon tombe par terre.

Nathan est en colère contre Lucas. Blessé par le refus de Nathan, Lucas ne pensait pas que, par son geste, il aurait brisé le cerf-volant. Il se sent coupable. Monsieur David met fin à l'activité. Il réunit les élèves dans la classe pour discuter de ce qui vient de se passer.

■ Relève, dans l'histoire, les gestes appropriés et les gestes inappropriés.

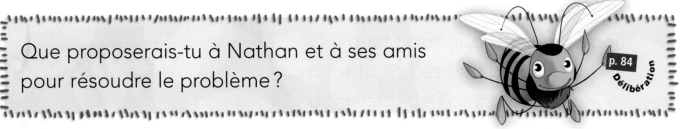

Que proposerais-tu à Nathan et à ses amis pour résoudre le problème ?

p. 84
Délibération

La boîte de dialogue

Je suis Tourbillon. Du matin au soir, je butine avec des centaines d'autres abeilles qui font partie de ma famille. Malgré ce grand nombre d'occupants dans la ruche, il y règne une belle harmonie. Notre secret? Le dialogue. Chaque fois que tu me verras dans ton manuel, il sera question de dialogue.

Les pages qui suivent te proposent des trucs. Utilise-les le plus souvent possible pour répondre aux questions posées dans les pavés verts et dans les pavés jaunes.

Des formes de dialogue

Savais-tu qu'il existe différentes formes de dialogue ?
Viens avec moi, je vais t'en montrer quatre.

1 Une **conversation**, c'est un échange entre deux ou plusieurs personnes. On y partage des idées ou des expériences qu'on a vécues.

William, Ariane et Lucas sont en grande conversation : tour à tour, ils parlent du spectacle de Noël auquel ils ont assisté.

2 Une **discussion** se déroule entre deux ou plusieurs personnes. C'est un échange organisé d'opinions ou d'idées. On écoute attentivement ces opinions ou ces idées et on tente de bien les comprendre.

Justine et Dimitri sont en grande discussion : tour à tour, ils disent ce qu'ils pensent de l'interdiction d'aller jouer seul dans la forêt autour de l'école.

3 Une **narration**, c'est un récit oral ou écrit d'une suite de faits ou d'événements.

Laëtitia raconte à Oliver ce qui s'est passé lors du dernier anniversaire de sa cousine. C'est une narration.

4 Une **délibération**, c'est un échange en groupe qui vise à prendre une décision commune. On réfléchit d'abord ensemble à la situation. On tente ensuite de déterminer ce qui est important et dont on doit tenir compte. Enfin, on évalue les conséquences des décisions proposées, puis on en choisit une.

Ophélie, Charles, Mégane et David veulent jouer ensemble. Chacun a son idée. Tour à tour, ils expriment leur préférence. Mégane a le bras cassé. Elle ne peut pas faire tous les mouvements qu'elle souhaite. Les quatre amis en discutent, ils se mettent d'accord pour jouer au soccer. Mégane jouera le rôle de l'arbitre. C'est une délibération.

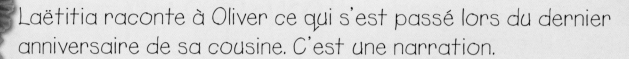

Des règles à respecter pour un dialogue efficace

Certaines règles permettent de pratiquer le dialogue de façon efficace et respectueuse. En voici quelques-unes. Nous te proposons un certain ordre pour les utiliser.

Concentre-toi sur le sujet.

Fais des liens avec ce que tu sais déjà.

Partage tes idées avec les autres.

Dis ce que tu penses.

Écoute les idées des autres.

Donne tes préférences en expliquant ton choix.

Compare les différentes idées.

Pense à ce que tu viens d'apprendre.

Construis ton idée.

Respecte les règles établies pour dialoguer.

Pose des questions pour mieux comprendre.

Des moyens pour élaborer un point de vue

Dans un dialogue, tu peux utiliser différents moyens pour construire ton opinion, ton point de vue. En voici quelques-uns. Le choix des mots est important.

 **1** Faire une **description** de quelque chose, c'est en faire le meilleur portrait possible. Pour choisir les bons renseignements, on tente de répondre aux questions suivantes : Qui ? Quoi ? Où ? Quand ? Comment ? Pourquoi ? Combien ?

> *Exemple :* **Vincent décrit la fête de la Saint-Jean-Baptiste.**
>
> « La semaine dernière, j'ai participé à la fête de la Saint-Jean-Baptiste avec mes parents. Tout se passait en plein air, dans un grand parc. Il y avait un clown, des personnages géants, des musiciens et des structures gonflables. C'est le clown qui m'a le plus amusé. Il sautait à la corde, tombait, se relevait, roulait à bicyclette et jonglait avec des balles. »

 2 Faire une **comparaison**, c'est trouver les ressemblances et les différences entre des situations, des personnes ou des choses.

> *Exemple :* **Les loisirs de Laurence et de Nicolas.**
>
> Nicolas est le grand frère de Laurence. Il raffole des bandes dessinées et il est un bon gardien de but au hockey.
>
> Laurence aime les livres-jeux et elle s'entraîne pour la prochaine compétition de nage synchronisée. Bien que les deux enfants aiment lire, ils ont des goûts différents pour les sports.

Des moyens pour interroger un point de vue

Voici deux types de jugements. Certaines questions peuvent être posées pour les reconnaître et pour mieux comprendre les idées et les opinions des autres. Pour dialoguer de façon efficace, il est utile de savoir interroger un point de vue.

 1 Un **jugement de préférence**, c'est une phrase qui exprime un goût, une préférence.

 J'aime les festivités de Noël.

Tu as sûrement une raison. Pourquoi aimes-tu cela ?

 2 Un **jugement de prescription**, c'est une phrase dans laquelle on donne une recommandation, un ordre ou on dicte une règle.

 Il faut garder notre école propre.

Pourquoi est-ce important ? Est-ce que tu crois que c'est possible de respecter cette règle ?

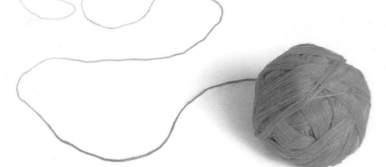

Des paroles qui peuvent nuire au dialogue

Certaines paroles peuvent nuire au dialogue. Évite de les utiliser. Exerce-toi aussi à les reconnaître lorsque d'autres personnes les prononcent.

1 La généralisation abusive

Mes parents m'ont appelé Anna en l'honneur de ma grand-mère, car elle était généreuse. Toutes les personnes qui s'appellent Anna sont des femmes généreuses.

Tu ne peux pas te faire une opinion avec une seule observation ! Cela n'est pas suffisant.

2 L'attaque personnelle

Marc-Olivier est souvent malade, donc il ne peut pas nous dire comment développer une bonne forme physique.

Quand tu juges Marc-Olivier de cette façon, tu fais une attaque personnelle. Laisse-le plutôt s'exprimer, tu constateras peut-être qu'il sait quoi faire pour développer une bonne forme physique.

Glossaire

Algonquiens : plusieurs peuples du nord-est de l'Amérique qui partagent la même langue : on y retrouve les Algonquins, les Innus, les Ojibwa, les Potawatomi.

Alvéoles : petits trous que l'abeille creuse pour déposer le pollen.

Amérindiens : peuples autochtones de l'Amérique du Nord à l'exception des Inuit.

Autel : table ayant une fonction religieuse.

Avalanche : masse de neige qui se détache de la montagne, tombe et écrase tout sur son passage.

Béluga : petite baleine blanche.

Bénédictions : protection ou faveurs accordées par Dieu.

Bénévole : personne qui fait quelque chose sans obligation et gratuitement.

Bouddhisme : doctrine religieuse.

Bouture : partie d'un végétal coupée et plantée pour donner une nouvelle plante.

Chaumières : petites maisons aux toits faits de paille.

Club des petits déjeuners du Québec : organisme qui offre le petit déjeuner tous les jours de classe aux enfants qui en ont besoin.

Corsaire : pirate, aventurier.

Coupe à blanc : coupe de tous les arbres d'une forêt.

Cupidité : le désir exagéré de posséder beaucoup de choses.

Défenses : longues dents recourbées utilisées comme moyen de défense.

Encens : gomme provenant d'un arbre, qui dégage une odeur spéciale en brûlant.

Englouti : fait disparaître de façon soudaine.

Esclaves : personnes qui ne sont pas libres et qui dépendent totalement d'un maître.

Estuaire : partie du fleuve qui se jette dans la mer.

Fous de Bassan : gros oiseaux blancs vivant sur les falaises près de la mer.

Goudron : substance huileuse qui rend imperméable.

Grenades : fruits de la grosseur d'une pomme renfermant des grains rouges que l'on peut manger.

Hébreu : langue parlée autrefois par les Hébreux et aujourd'hui par les Israéliens.

Hindous : personnes qui pratiquent l'hindouisme, la religion traditionnelle de l'Inde.

Ingénieuse : qui fait preuve d'une grande imagination.

Larves : forme que prennent certains animaux entre l'état embryonnaire et l'état adulte. Par exemple, la larve du papillon s'appelle la chenille.

Loyal : honnête.

Mages : astrologues venus de pays lointains.

Mantra : récitation servant à la méditation.

Méditer : se concentrer, réfléchir.

Messie : Jésus, le fils de Dieu.

Myrrhe : substance sortant de l'écorce d'un arbre, utilisée pour son parfum.

Oratorio : œuvre religieuse chantée.

Papyrus : plante dont la grosse tige sert à fabriquer des objets et du papier.

Paysans : personnes vivant à la campagne et s'occupant des travaux de la terre.

Piétine : écrase avec les pieds.

Pollen : fine poussière produite par les plantes, servant de nourriture aux abeilles.

Reconnaissante : touchée par le bien qu'on lui a fait.

Redouté : craint.

Repas pascal : repas de Pâque.

Ressuscité : revenu à la vie après la mort.

Rome : ville d'Italie, à l'intérieur de laquelle se situe la Cité du Vatican où habite le pape, le chef de l'Église catholique.

Roseaux : plantes à tiges droites et à feuilles étroites qui poussent au bord de l'eau.

Ruines : restes d'une construction en partie détruite.

Sauveur : Jésus.

Serpentine : roche rare, d'un vert sombre, sur laquelle pousse la minuartie.

Temple : lieu de prière et de méditation.

Torah : livre qui contient les règles et les enseignements de la religion juive.

Ventiler : aérer.

Vœu : quelque chose que l'on désire et souhaite voir se réaliser.

16ᵉ siècle : de l'an 1501 à 1600.

17ᵉ siècle : de l'an 1601 à 1700.